MES RECETTES
DÉLICIEUSES

NOM DE LA RECETTE

NUMÉRO DE PAGE

NOM DE LA RECETTE

NOM DE LA RECETTE

NOM DE LA RECETTE

○ APÉRITIF ○ PLAT PRINCIPAL ○ CASSE-CROÛTE ○DESSERT ○_____ ○_____

PARTS   **TEMPS PRÉPARATION**   **TEMPS DE CUISSON**

PRÉPARATION

INGRÉDIENTS

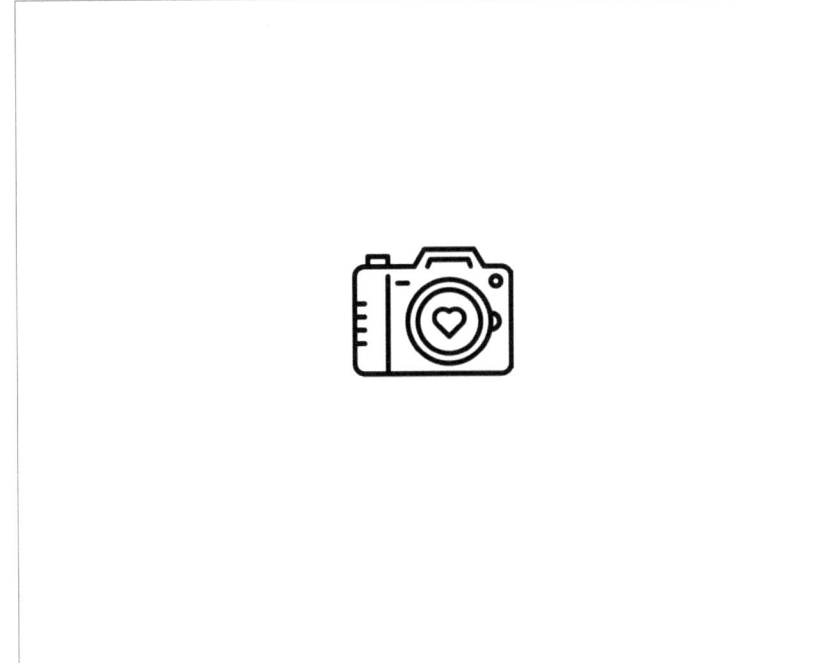

NOTES

_____

NOM DE LA RECETTE

○ APÉRITIF   ○ PLAT PRINCIPAL   ○ CASSE-CROÛTE   ○ DESSERT   ○ _____   ○ _____

_____ PARTS   _____ TEMPS PRÉPARATION   _____ TEMPS DE CUISSON

PRÉPARATION

INGRÉDIENTS

NOTES

_____

NOM DE LA RECETTE

○ APÉRITIF ○ PLAT PRINCIPAL ○ CASSE-CROÛTE ○ DESSERT ○ _____ ○ _____

PARTS   TEMPS PRÉPARATION   TEMPS DE CUISSON

PRÉPARATION

INGRÉDIENTS

NOTES

NOM DE LA RECETTE

○ APÉRITIF   ○ PLAT PRINCIPAL   ○ CASSE-CROÛTE   ○ DESSERT   ○ _____   ○ _____

PARTS   TEMPS PRÉPARATION   TEMPS DE CUISSON

PRÉPARATION

INGRÉDIENTS

NOTES

_____

NOM DE LA RECETTE

○ APÉRITIF ○ PLAT PRINCIPAL ○ CASSE-CROÛTE ○ DESSERT ○ _____ ○ _____

PARTS   TEMPS PRÉPARATION   TEMPS DE CUISSON

PRÉPARATION

INGRÉDIENTS

NOTES

_____

NOM DE LA RECETTE

○ APÉRITIF ○ PLAT PRINCIPAL ○ CASSE-CROÛTE ○ DESSERT ○ _____ ○ _____

PARTS   TEMPS PRÉPARATION   TEMPS DE CUISSON

PRÉPARATION

INGRÉDIENTS

NOTES

_____
NOM DE LA RECETTE

○ APÉRITIF ○ PLAT PRINCIPAL ○ CASSE-CROÛTE ○ DESSERT ○ _____ ○ _____

_____ PARTS

_____ TEMPS PRÉPARATION

_____ TEMPS DE CUISSON

PRÉPARATION

_____
_____
_____
_____
_____
_____
_____
_____
_____
_____
_____
_____
_____
_____
_____
_____
_____
_____
_____
_____
_____
_____

INGRÉDIENTS

_____ _____
_____ _____
_____ _____
_____ _____
_____ _____
_____ _____
_____ _____
_____ _____
_____ _____
_____ _____
_____ _____
_____ _____
_____ _____
_____ _____
_____ _____
_____ _____

NOTES

NOM DE LA RECETTE

○ APÉRITIF ○ PLAT PRINCIPAL ○ CASSE-CROÛTE ○ DESSERT ○ _____ ○ _____

PARTS

TEMPS PRÉPARATION

TEMPS DE CUISSON

PRÉPARATION

INGRÉDIENTS

NOTES

NOM DE LA RECETTE

○ APÉRITIF ○ PLAT PRINCIPAL ○ CASSE-CROÛTE ○ DESSERT ○ _____ ○ _____

PARTS

TEMPS PRÉPARATION

TEMPS DE CUISSON

PRÉPARATION

INGRÉDIENTS

NOTES

NOM DE LA RECETTE

○ APÉRITIF ○ PLAT PRINCIPAL ○ CASSE-CROÛTE ○ DESSERT ○ _____ ○ _____

PARTS

TEMPS PRÉPARATION

TEMPS DE CUISSON

PRÉPARATION

INGRÉDIENTS

NOTES

NOM DE LA RECETTE

○ APÉRITIF ○ PLAT PRINCIPAL ○ CASSE-CROÛTE ○ DESSERT ○_____ ○_____

PARTS   TEMPS PRÉPARATION   TEMPS DE CUISSON

PRÉPARATION

INGRÉDIENTS

NOTES

NOM DE LA RECETTE

○ APÉRITIF ○ PLAT PRINCIPAL ○ CASSE-CROÛTE ○ DESSERT ○ _____ ○ _____

PARTS

TEMPS PRÉPARATION

TEMPS DE CUISSON

PRÉPARATION

INGRÉDIENTS

NOTES

NOM DE LA RECETTE

○ APÉRITIF ○ PLAT PRINCIPAL ○ CASSE-CROÛTE ○ DESSERT ○ _____ ○ _____

PARTS

TEMPS PRÉPARATION

TEMPS DE CUISSON

PRÉPARATION

INGRÉDIENTS

NOTES

_____

NOM DE LA RECETTE

○ APÉRITIF ○ PLAT PRINCIPAL ○ CASSE-CROÛTE ○ DESSERT ○ _____ ○ _____

PARTS

TEMPS PRÉPARATION

TEMPS DE CUISSON

PRÉPARATION

INGRÉDIENTS

NOTES

NOM DE LA RECETTE

○ APÉRITIF   ○ PLAT PRINCIPAL   ○ CASSE-CROÛTE   ○ DESSERT   ○ _____   ○ _____

PARTS   TEMPS PRÉPARATION   TEMPS DE CUISSON

PRÉPARATION

INGRÉDIENTS

NOTES

NOM DE LA RECETTE

○ APÉRITIF ○ PLAT PRINCIPAL ○ CASSE-CROÛTE ○ DESSERT ○ _____ ○ _____

PARTS

TEMPS PRÉPARATION

TEMPS DE CUISSON

PRÉPARATION

INGRÉDIENTS

NOTES

NOM DE LA RECETTE

○ APÉRITIF ○ PLAT PRINCIPAL ○ CASSE-CROÛTE ○ DESSERT ○ _____ ○ _____

PARTS

TEMPS PRÉPARATION

TEMPS DE CUISSON

PRÉPARATION

INGRÉDIENTS

NOTES

_____

NOM DE LA RECETTE

○ APÉRITIF ○ PLAT PRINCIPAL ○ CASSE-CROÛTE ○ DESSERT ○ _____ ○ _____

PARTS　　　　**TEMPS PRÉPARATION**　　　　**TEMPS DE CUISSON**

PRÉPARATION

INGRÉDIENTS

NOTES

_____
_____
_____
_____
_____
_____
_____
_____
_____

NOM DE LA RECETTE

○ APÉRITIF ○ PLAT PRINCIPAL ○ CASSE-CROÛTE ○ DESSERT ○ _____ ○ _____

PARTS

TEMPS PRÉPARATION

TEMPS DE CUISSON

PRÉPARATION

INGRÉDIENTS

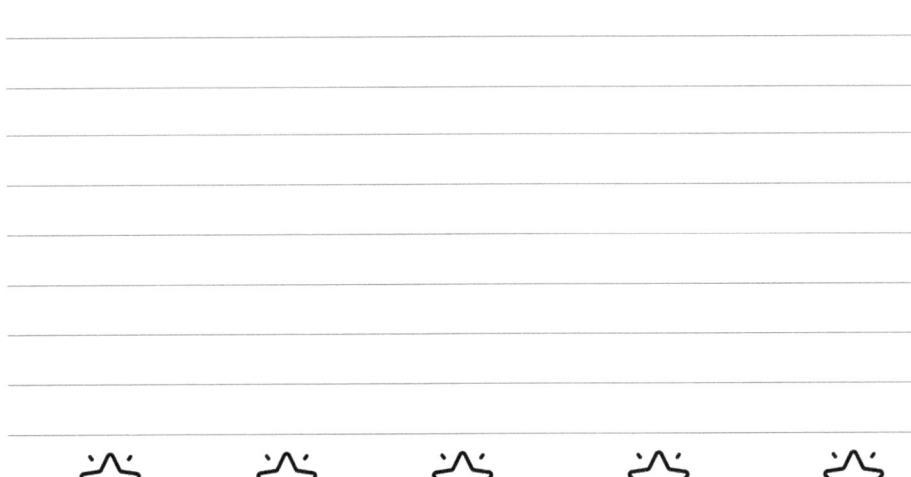

NOTES

NOM DE LA RECETTE

○ APÉRITIF ○ PLAT PRINCIPAL ○ CASSE-CROÛTE ○ DESSERT ○ _____ ○ _____

PARTS

TEMPS PRÉPARATION

TEMPS DE CUISSON

PRÉPARATION

INGRÉDIENTS

NOTES

NOM DE LA RECETTE

○ APÉRITIF ○ PLAT PRINCIPAL ○ CASSE-CROÛTE ○ DESSERT ○ _____ ○ _____

PARTS

TEMPS PRÉPARATION

TEMPS DE CUISSON

PRÉPARATION

INGRÉDIENTS

NOTES

NOM DE LA RECETTE

○ APÉRITIF ○ PLAT PRINCIPAL ○ CASSE-CROÛTE ○ DESSERT ○ _____ ○ _____

PARTS   TEMPS PRÉPARATION   TEMPS DE CUISSON

PRÉPARATION

INGRÉDIENTS

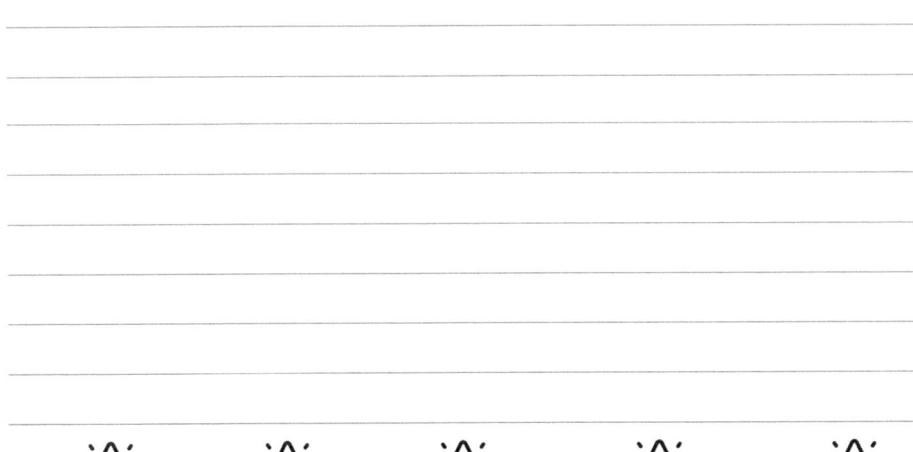

NOTES

NOM DE LA RECETTE

○ APÉRITIF ○ PLAT PRINCIPAL ○ CASSE-CROÛTE ○ DESSERT ○ _____ ○ _____

PARTS

TEMPS PRÉPARATION

TEMPS DE CUISSON

PRÉPARATION

INGRÉDIENTS

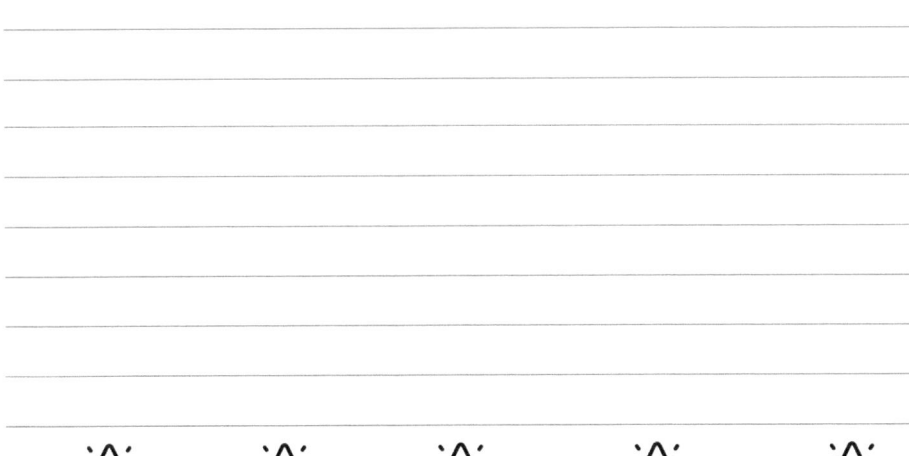

NOTES

_____

NOM DE LA RECETTE

○ APÉRITIF ○ PLAT PRINCIPAL ○ CASSE-CROÛTE ○ DESSERT ○ _____ ○ _____

PARTS

TEMPS PRÉPARATION

TEMPS DE CUISSON

PRÉPARATION

INGRÉDIENTS

NOTES

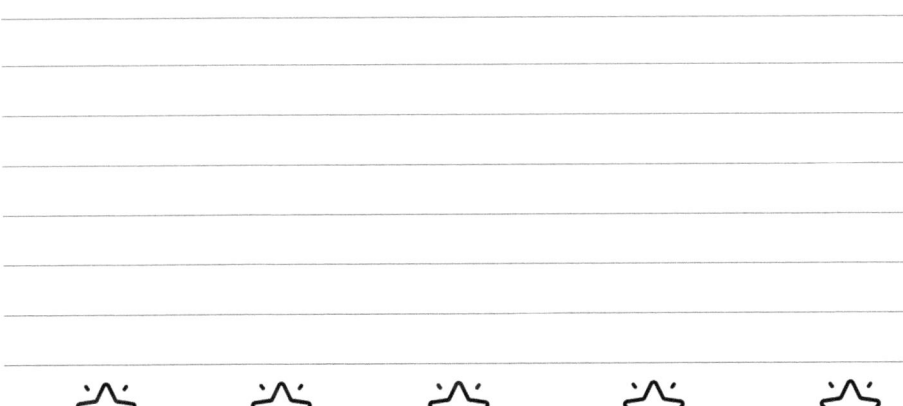

NOM DE LA RECETTE

○ APÉRITIF ○ PLAT PRINCIPAL ○ CASSE-CROÛTE ○ DESSERT ○ _____ ○ _____

PARTS   TEMPS PRÉPARATION   TEMPS DE CUISSON

PRÉPARATION

INGRÉDIENTS

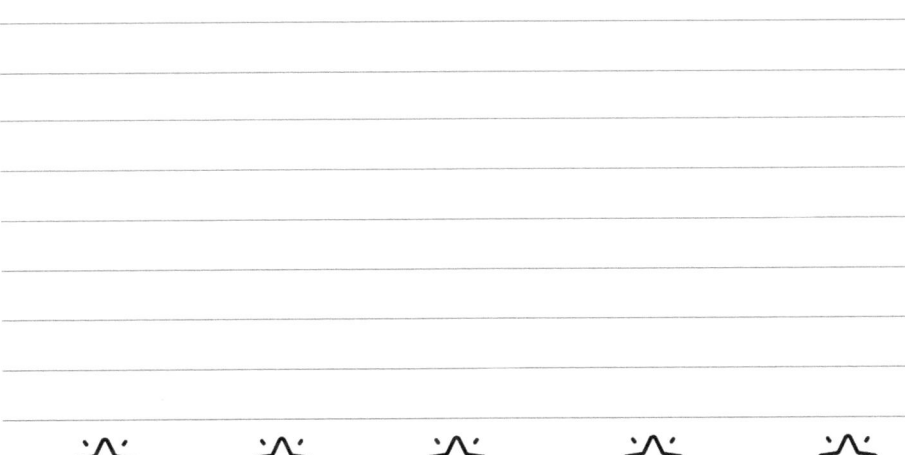

NOTES

NOM DE LA RECETTE

○ APÉRITIF ○ PLAT PRINCIPAL ○ CASSE-CROÛTE ○ DESSERT ○ _____ ○ _____

PARTS

TEMPS PRÉPARATION

TEMPS DE CUISSON

PRÉPARATION

INGRÉDIENTS

NOTES

NOM DE LA RECETTE

○ APÉRITIF ○ PLAT PRINCIPAL ○ CASSE-CROÛTE ○ DESSERT ○ _____ ○ _____

PARTS

TEMPS PRÉPARATION

TEMPS DE CUISSON

PRÉPARATION

INGRÉDIENTS

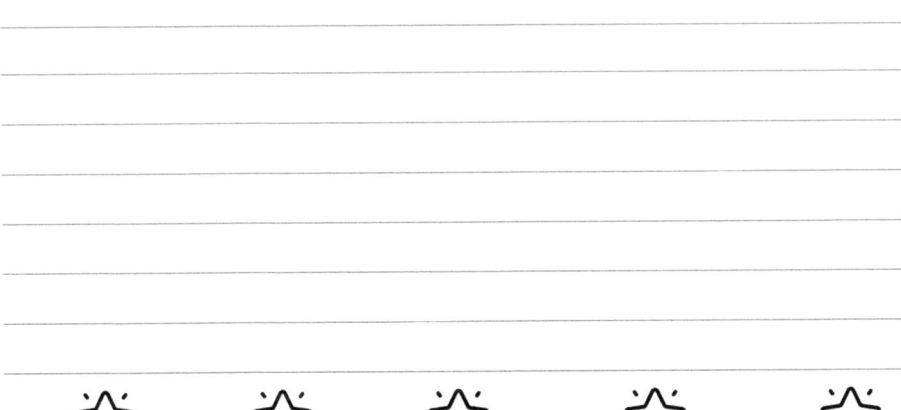

NOTES

_____

NOM DE LA RECETTE

○ APÉRITIF   ○ PLAT PRINCIPAL   ○ CASSE-CROÛTE   ○ DESSERT   ○ _____   ○ _____

PARTS   TEMPS PRÉPARATION   TEMPS DE CUISSON

PRÉPARATION

INGRÉDIENTS

NOTES

NOM DE LA RECETTE

○ APÉRITIF ○ PLAT PRINCIPAL ○ CASSE-CROÛTE ○ DESSERT ○ _____ ○ _____

PARTS   TEMPS PRÉPARATION   TEMPS DE CUISSON

PRÉPARATION

INGRÉDIENTS

NOTES

NOM DE LA RECETTE

○ APÉRITIF ○ PLAT PRINCIPAL ○ CASSE-CROÛTE ○ DESSERT ○ _____ ○ _____

PARTS   TEMPS PRÉPARATION   TEMPS DE CUISSON

PRÉPARATION

INGRÉDIENTS

NOTES

NOM DE LA RECETTE

○ APÉRITIF ○ PLAT PRINCIPAL ○ CASSE-CROÛTE ○ DESSERT ○_____ ○_____

PARTS

TEMPS PRÉPARATION

TEMPS DE CUISSON

PRÉPARATION

INGRÉDIENTS

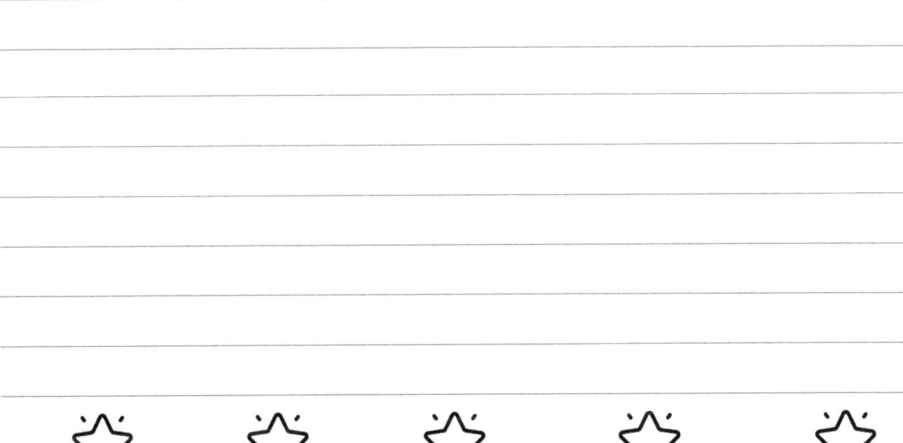

NOTES

NOM DE LA RECETTE

○ APÉRITIF ○ PLAT PRINCIPAL ○ CASSE-CROÛTE ○ DESSERT ○ _____ ○ _____

PARTS

TEMPS PRÉPARATION

TEMPS DE CUISSON

PRÉPARATION

INGRÉDIENTS

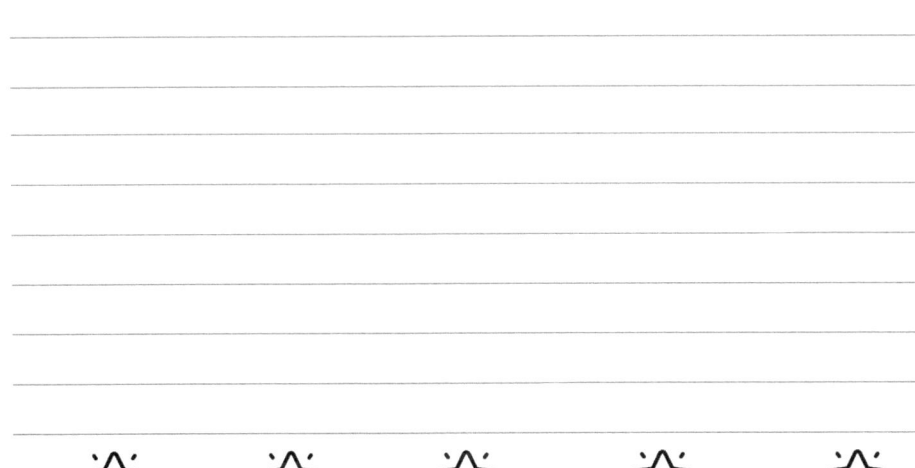

NOTES

NOM DE LA RECETTE

○ APÉRITIF ○ PLAT PRINCIPAL ○ CASSE-CROÛTE ○DESSERT ○_____ ○_____

PARTS   TEMPS PRÉPARATION   TEMPS DE CUISSON

PRÉPARATION

INGRÉDIENTS

NOTES

NOM DE LA RECETTE

○ APÉRITIF ○ PLAT PRINCIPAL ○ CASSE-CROÛTE ○ DESSERT ○ _____ ○ _____

PARTS   TEMPS PRÉPARATION   TEMPS DE CUISSON

PRÉPARATION

INGRÉDIENTS

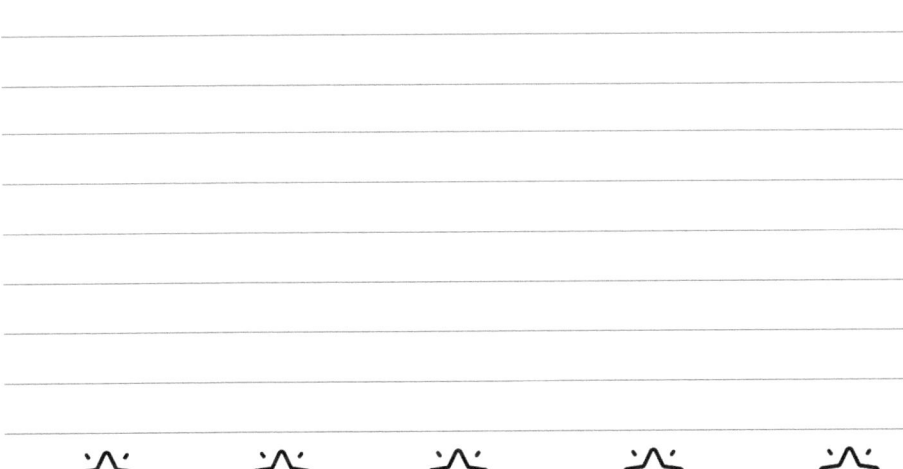

NOTES

_____

NOM DE LA RECETTE

○ APÉRITIF ○ PLAT PRINCIPAL ○ CASSE-CROÛTE ○DESSERT ○_____ ○_____

PARTS   TEMPS PRÉPARATION   TEMPS DE CUISSON

PRÉPARATION

INGRÉDIENTS

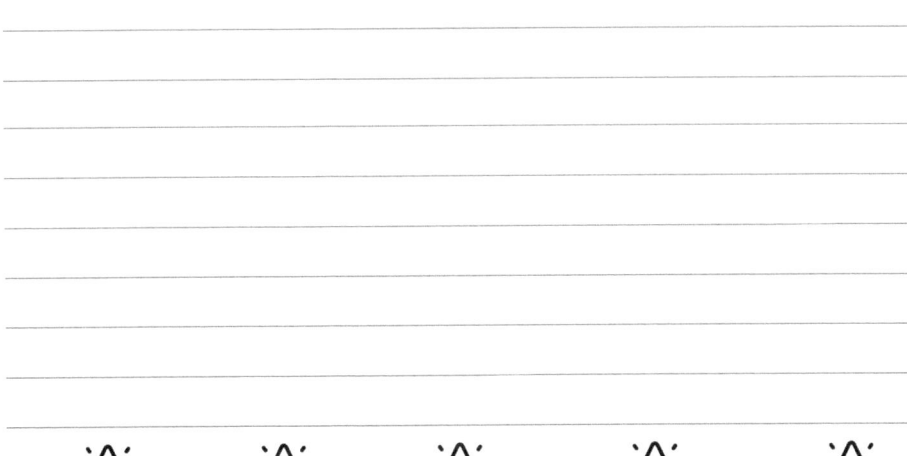

NOTES

NOM DE LA RECETTE

○ APÉRITIF ○ PLAT PRINCIPAL ○ CASSE-CROÛTE ○ DESSERT ○ _____ ○ _____

PARTS

TEMPS PRÉPARATION

TEMPS DE CUISSON

PRÉPARATION

INGRÉDIENTS

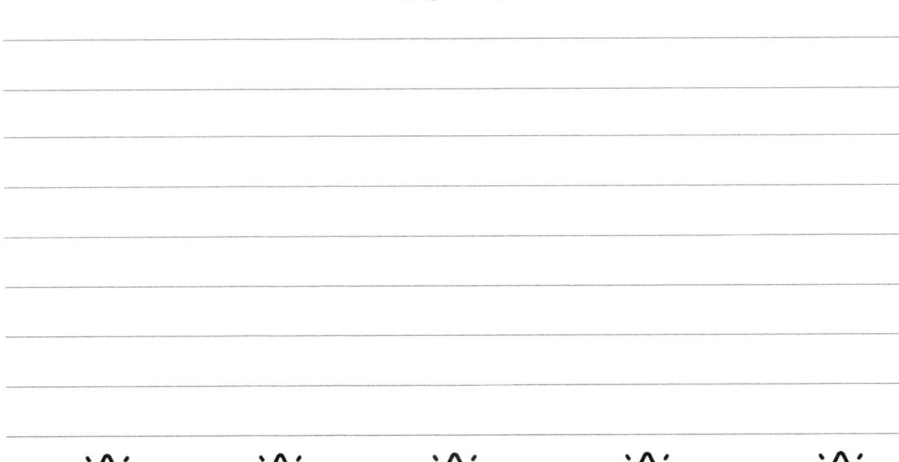

NOTES

NOM DE LA RECETTE

○ APÉRITIF ○ PLAT PRINCIPAL ○ CASSE-CROÛTE ○ DESSERT ○_____ ○_____

PARTS   TEMPS PRÉPARATION   TEMPS DE CUISSON

PRÉPARATION

INGRÉDIENTS

NOTES

NOM DE LA RECETTE

○ APÉRITIF ○ PLAT PRINCIPAL ○ CASSE-CROÛTE ○ DESSERT ○_____ ○_____

PARTS

TEMPS PRÉPARATION

TEMPS DE CUISSON

PRÉPARATION

INGRÉDIENTS

NOTES

ÉVALUATION

_____

NOM DE LA RECETTE

○ APÉRITIF ○ PLAT PRINCIPAL ○ CASSE-CROÛTE ○DESSERT ○_____ ○_____

_____ PARTS

_____ TEMPS PRÉPARATION

_____ TEMPS DE CUISSON

PRÉPARATION

_____
_____
_____
_____
_____
_____
_____
_____
_____
_____
_____
_____
_____
_____
_____
_____
_____
_____
_____

INGRÉDIENTS

_____ _____
_____ _____
_____ _____
_____ _____
_____ _____
_____ _____
_____ _____
_____ _____
_____ _____
_____ _____
_____ _____
_____ _____
_____ _____
_____ _____
_____ _____

NOTES

○ APÉRITIF ○ PLAT PRINCIPAL ○ CASSE-CROÛTE ○DESSERT ○_____ ○_____

PARTS   TEMPS PRÉPARATION   TEMPS DE CUISSON

PRÉPARATION

INGRÉDIENTS

NOTES

ÉVALUATION

○ APÉRITIF ○ PLAT PRINCIPAL ○ CASSE-CROÛTE ○DESSERT ○_____ ○_____

PARTS TEMPS PRÉPARATION TEMPS DE CUISSON

PRÉPARATION

INGRÉDIENTS

NOTES

NOM DE LA RECETTE

○ APÉRITIF ○ PLAT PRINCIPAL ○ CASSE-CROÛTE ○ DESSERT ○_____ ○_____

PARTS   TEMPS PRÉPARATION   TEMPS DE CUISSON

PRÉPARATION

INGRÉDIENTS

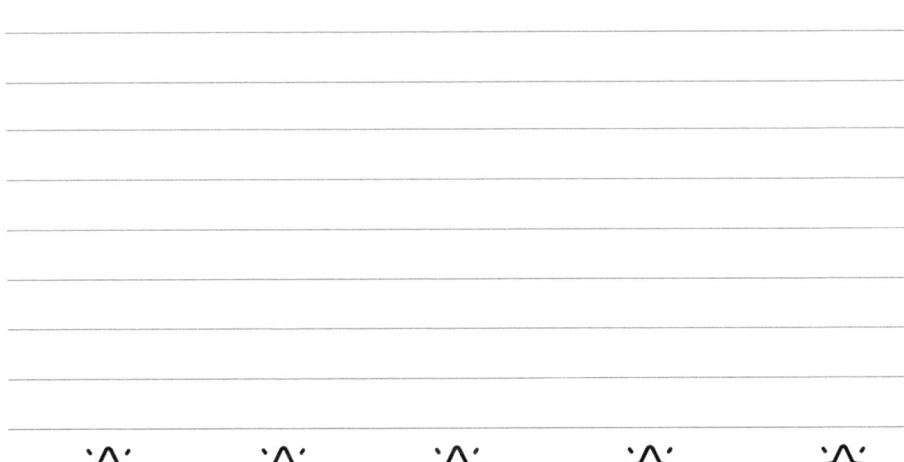

NOTES

NOM DE LA RECETTE

○ APÉRITIF   ○ PLAT PRINCIPAL   ○ CASSE-CROÛTE   ○ DESSERT   ○ _____   ○ _____

PARTS   TEMPS PRÉPARATION   TEMPS DE CUISSON

PRÉPARATION

INGRÉDIENTS

NOTES

NOM DE LA RECETTE

○ APÉRITIF ○ PLAT PRINCIPAL ○ CASSE-CROÛTE ○ DESSERT ○ _____ ○ _____

PARTS

TEMPS PRÉPARATION

TEMPS DE CUISSON

PRÉPARATION

INGRÉDIENTS

NOTES

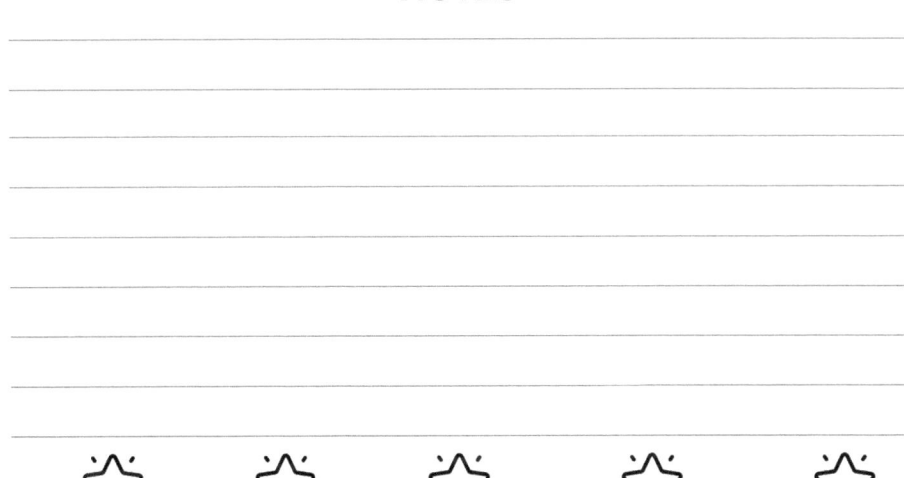

ÉVALUATION

○ APÉRITIF ○ PLAT PRINCIPAL ○ CASSE-CROÛTE ○ DESSERT ○ _____ ○ _____

PARTS   TEMPS PRÉPARATION   TEMPS DE CUISSON

PRÉPARATION

INGRÉDIENTS

NOTES

NOM DE LA RECETTE

○ APÉRITIF ○ PLAT PRINCIPAL ○ CASSE-CROÛTE ○ DESSERT ○_____ ○_____

PARTS

TEMPS PRÉPARATION

TEMPS DE CUISSON

PRÉPARATION

INGRÉDIENTS

NOTES

_____
NOM DE LA RECETTE

○ APÉRITIF ○ PLAT PRINCIPAL ○ CASSE-CROÛTE ○ DESSERT ○ _____ ○ _____

PARTS   TEMPS PRÉPARATION   TEMPS DE CUISSON

PRÉPARATION   # INGRÉDIENTS

NOTES

NOM DE LA RECETTE

○ APÉRITIF ○ PLAT PRINCIPAL ○ CASSE-CROÛTE ○ DESSERT ○ _____ ○ _____

PARTS   TEMPS PRÉPARATION   TEMPS DE CUISSON

PRÉPARATION

INGRÉDIENTS

NOTES

NOM DE LA RECETTE

○ APÉRITIF ○ PLAT PRINCIPAL ○ CASSE-CROÛTE ○DESSERT ○_____ ○_____

PARTS

TEMPS PRÉPARATION

TEMPS DE CUISSON

PRÉPARATION

INGRÉDIENTS

NOTES

NOM DE LA RECETTE

○ APÉRITIF ○ PLAT PRINCIPAL ○ CASSE-CROÛTE ○ DESSERT ○ _____ ○ _____

PARTS   TEMPS PRÉPARATION   TEMPS DE CUISSON

PRÉPARATION

INGRÉDIENTS

NOTES

_____

NOM DE LA RECETTE

○ APÉRITIF ○ PLAT PRINCIPAL ○ CASSE-CROÛTE ○ DESSERT ○ _____ ○ _____

PARTS   TEMPS PRÉPARATION   TEMPS DE CUISSON

PRÉPARATION

INGRÉDIENTS

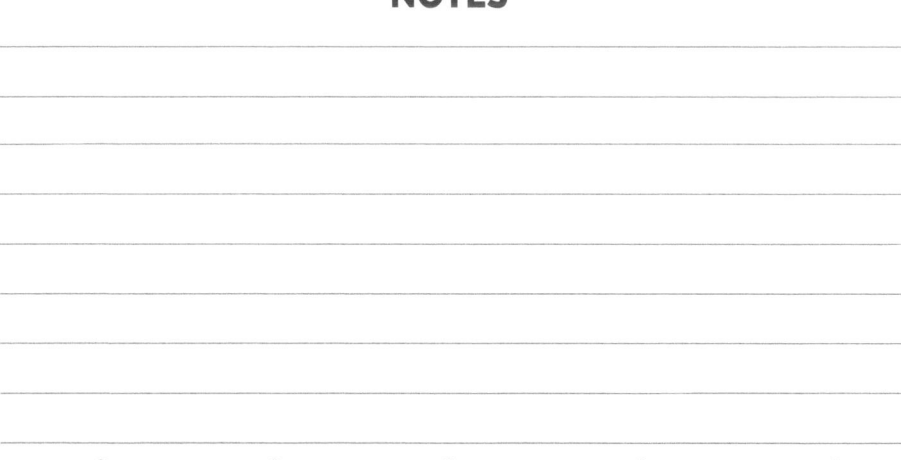

NOTES

Impressum

Feedback:
feedback@mertens-publication.de

©2019,LaylaVremont
Edition : Books on Demand,
12/14 rond-Point des Champs-Elysées, 75008 Paris
Impression : BoD - Books on Demand, Norderstedt, Allemagne
ISBN :
9782322138227
Dépôt légal : Août 2019

Mertens Ventures Ltd.
Tefkrou Anthia No 2 Office 301
6045 Larnaca
Zypern
E-Mail: kontakt@mertens-publication.de